LE SACRE
DE
MGR TOUCHET
ÉVÊQUE D'ORLÉANS
(15 JUILLET 1894)

NOTES ET SOUVENIRS

PAR

l'Abbé LOUVOT

Curé de Saint-Clar-le-Rouge

Chanoine honoraire de la Cathédrale de Nîmes

ORLÉANS

LUISON, LIBRAIRE-ÉDITEUR

17, rue Jeanne-d'Arc, 17.

—

1894

LE SACRE
DE
MGR TOUCHET
ÉVÊQUE D'ORLÉANS
(15 JUILLET 1894)

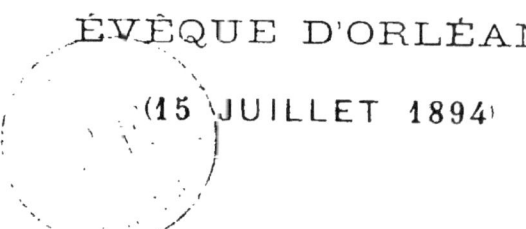

NOTES ET SOUVENIRS
PAR
l'Abbé LOUVOT

ORLÉANS

HERLUISON, LIBRAIRE-ÉDITEUR

17, rue Jeanne-d'Arc, 17.

—

1894

« Scribantur hæc in generatione altera, et populus, qui creabitur, laudabit Dominum. »

« Que ces choses soient écrites pour les générations futures, afin que le peuple qui viendra après, loue le Seigneur. »

(Ps. CI. v. 19.)

———

La journée du 15 juillet 1894 restera mémorable dans les annales de notre histoire diocésaine, car elle a été la glorification d'un prêtre qui restera l'une des plus pures et des plus brillantes illustrations de l'Eglise de Besançon. A juste titre, nous le considérions comme l'honneur de notre diocèse ; nous étions fiers de lui, comme jadis nous étions fiers de l'*Evêque de Nimes* ; jaloux de sa gloire, avides de l'entendre, et nous aurions voulu le garder toujours.....

Aussi, pour nous qui connaissons le prix de celui que nous avons perdu, c'est une consolation du cœur et un devoir de reconnaissance que de garder fidèlement la mémoire du prêtre qui a passé au milieu de nous avec tant d'éclat et en faisant tant de bien.

Il nous a paru que ce serait faire œuvre utile que d'assurer le souvenir du sacre de Mgr Touchet, en réunissant dans une petite brochure tout ce qui a trait à la solemnité du 15 juillet. À la relation détaillée de la cérémonie, nous avons joint le discours prononcé le jour du sacre par Mgr Germain, des extraits de la Lettre pastorale de Mgr Touchet à l'occasion de son entrée dans son diocèse et de celle de Mgr Coullié, annonçant le sacre de son successeur, ainsi que le récit de l'intronisation de Mgr Touchet, à Orléans.

Nous sommes assurés que ce modeste opuscule sera favorablement accueilli : nous l'offrons à tous, comme un mémorial qui doit trouver place dans les archives de chaque famille catholique de notre ville, et comme une des plus belles pages de l'histoire religieuse de notre cité.

F. L.

LE SACRE DE MGR TOUCHET

L'imposante cérémonie du sacre de Mgr Touchet, évêque d'Orléans, a eu lieu dimanche 15 juillet, dans la métropole de Saint-Jean, avec une grande solennité et au milieu d'un immense concours de prêtres et de fidèles.

Le prélat consécrateur était Mgr Hugonin, évêque de Bayeux, diocèse d'origine de Mgr Touchet. L'élu était assisté par Mgr Germain, évêque de Coutances, l'ami intime de Mgr Ducellier, et par un prélat franc-comtois, Mgr Theuret, évêque de Monaco.

Le Cortège

A 8 heures 1/4, deux cents prêtres environ étaient réunis à l'Archevêché et à 8 heures 1/2 le cortège quittait la chapelle synodale pour se rendre, au son de toutes les cloches, à la métropole dans l'ordre suivant :

La Croix du Chapitre,
Les Elèves de la Maîtrise,
Les Elèves du Grand Séminaire,
Le clergé du diocèse de Besançon,

MM. les Directeurs du grand séminaire, et MM. les missionnaires d'Ecole,

La députation du clergé d'Orléans,

Les chanoines honoraires des diocèses étrangers,

Les chanoines honoraires du diocèse de Besançon.

Le vénérable chapitre.

Le T. R. P. dom Hilaire, abbé mitré de la Grâce-Dieu, assisté par M. le chanoine Suchet et par le P. Bernard.

Mgr Touchet, assisté par M. le chanoine Salomon, supérieur du grand séminaire, et par M. l'abbé Hogan, ancien directeur au séminaire de St-Sulpice, actuellement supérieur du séminaire de l'Université de Washington.

Mgr Pagis, évêque de Verdun, assisté par MM. les chanoines Galliot et de Jallerange.

Mgr Theuret, évêque de Monaco, assisté par M. le vicaire général de Beauséjour et M. l'abbé Pauthier, chanoine de Monaco.

Mgr Germain, évêque de Coutances, assisté par M. le vicaire général Dubillard et M. l'abbé Legoux, vicaire général de Coutances.

Venait enfin Mgr Hugonin, évêque de Bayeux, prélat consécrateur, assisté par M. l'abbé Séjourné, vicaire-général d'Orléans; M. l'abbé Marquet, supérieur du grand séminaire de Bayeux.

Nous avons remarqué dans le cortège le R. P. Albéric, gardien du couvent des Capucins de Besançon; le R. P. Juteau prieur du couvent des Dominicains de Dijon; M. l'abbé Laisné, vicaire à Saint-Jean, de

Caen, cousin du nouvel évêque, et M. l'abbé Graindorge, curé de Soliers, où est né Mgr Touchet.

Le diocèse de Saint-Claude était représenté par M. le chanoine Guichard, curé de Dole et M. le chanoine Monnier, curé-doyen de Saint-Aubin.

On a vivement regretté l'absence de Mgr Coullié, archevêque de Lyon et de Mgr Foucault, évêque de Saint-Dié, que des raisons de santé ont retenu au dernier moment dans leurs diocèses.

La députation du diocèse d'Orléans

Voici les noms des principaux Orléanais qui assistaient au sacre de Mgr Touchet :

M. l'abbé Séjourné, vicaire général ; Mgr Renaudin, supérieur du Petit-Séminaire de Sainte-Croix ; M. l'abbé Despierre, archiprêtre de la cathédrale ; MM. les chanoines Bernardin et Roger, délégués du Chapitre, MM. Vigoureux, curé-doyen de Saint-Paul ; Gibier, curé-doyen de Saint-Paterne ; Aubert, supérieur de l'Ecole Saint-Grégoire de Pithiviers ; Vié supérieur du Petit-Séminaire de la Chapelle ; Serain, doyen de Châtillon-sur-Loire ; d'Allaines, professeur de philosophie au Petit-Séminaire de Sainte-Croix ; Boullet, chanoine honoraire, directeur du Cercle catholique d'ouvriers ; Huot, curé de Saint-Pierre-le-Puellier ; le R. P. Abbondati, supérieur de l'institution Saint-François-de-Sales, de Gien ; le R. P. Rivalland, supérieur de la Compagnie de Marie ; le R. P. Raimbault, supérieur des Lazaristes ;

MM. Boubault, doyen de Beaune-la-Rolande ; Larrat, doyen de Briare ; Guildoux, doyen de Ferrières ; Louvroy, vicaire, trésorier de la cathédrale ; Guillon, premier vicaire de Saint-Honoré-d'Eylau, délégué des *Anciens* de la Chapelle ; Pasquet, vicaire de Saint-Paul ; Millot, vicaire de Saint-Marceau ; Amelot, curé de Saint-Jean-de-la Ruelle.

MM. Baguenault de Puchesse, de Larnage, de Buzonnière, Pougin de la Maisonneuve, Domet, Paul Charpentier, Adam, Paul Fougeron, Fessard, Basseville, etc., etc.

La décoration de l'église

La décoration de l'église, très simple, était d'un goût parfait et d'un effet des plus pittoresques.

Une grande tapisserie en velours rouge parsemée d'étoiles d'or descendait de la voûte du chœur pour se rattacher à deux des piliers Au fond de l'abside se détachaient des faisceaux de drapeaux tricolores et à chacun des piliers du chœur et de la grande nef était un faisceau de trois drapeaux, celui du milieu aux couleurs du

Pape, blanc et jaune, les deux autres au couleurs de la Vierge, blanc et bleu. Au-dessous de chacun de ces faisceaux, les armes du nouvel évêque d'Orléans.

A gauche de l'autel on avait placé la couronne offerte par le village natal de Mgr Ducellier et qui figurait à ses obsèques; au centre se trouvait un écusson aux armes du prélat défunt.

A la Métropole

Au moment où le cortège entre processionnellement dans la basilique, les trois nefs et les tribunes sont combles. Un autel avait été dressé pour l'élu dans le sanctuaire en face du trône archiépiscopal, du côté de l'Epitre. La famille de Mgr Touchet se trouvait dans la tribune qui domine le chœur du côté de l'Evangile.

Au premier rang dans la grande nef, on remarquait une nombreuse députation des catholiques du diocèse d'Orléans : derrière eux avaient pris place le T. C. F. Orbanien, visiteur des Frères des Ecoles chrétiennes pour le district de Besançon ; le Frère Ramissarius, directeur des Ecoles libres, et les représentants des principales œuvres catholiques de la ville de Besançon.

Le Sacre

Grâce au bon ordre de la cérémonie, la nombreuse assistance qui remplissait la métropole a pu satisfaire sa légitime curiosité. Tous les regards étaient fixés sur l'Elu et on lisait sur son visage les pieuses et fortes émotions qui agitaient son âme.

Nous ne suivrons pas le cérémonial à travers tous les détails de la consécration et de la collation des insignes. La cérémonie se poursuit, avec un ensemble parfait sous la direction de MM. Laurent et Oudin, directeurs au grand séminaire, et les fidèles y prêtent la plus vive attention. On contemplait avec respect l'Elu, d'abord à genoux, l'Evangile sur les épaules, puis prosterné sur les marches de l'autel, pendant qu'on chantait les Litanies des Saints, puis on le voyait les mains liées et la tête bandée, comme une victime prête au sacrifice, après avoir reçu l'onction pontificale des mains de l'Evêque consécrateur. Mgr Touchet a reçu ensuite successivement les ornements de la dignité épiscopale : la *crosse*, signe de son autorité douce et paternelle; la *mitre*, rappelant l'auréole de sainteté qui doit briller au front du pontife, et l'*anneau*, symbole de son alliance avec l'Eglise d'Orléans.

Le moment le plus solennel de la cérémonie a été celui où Mgr de Bayeux prenant l'évêque consacré par la main, l'a intronisé sur son propre siège, revêtu de tous ses insignes et rayonnant de toute la splendeur des ornements pontificaux.

L'émotion a été plus vive encore quand Mgr Touchet entouré des deux Evêques assistants a quitté l'autel pour donner aux siens sa première bénédiction épiscopale, et qu'il a parcouru les rangs de l'immense assemblée pour la bénir.

En revenant au sanctuaire Mgr d'Orléans a donné la bénédiction solennelle et a dit par trois fois au prélat consécrateur le souhait de longue vie, que l'Eglise a adopté comme l'expression de la reconnaissance : *Ad multos annos !*

Les chants

Pendant l'office, la maitrise sous l'habile direction de M. l'abbé Daguet, maitre de chapelle, a chanté l'*Ecce sacerdos magnus*, puis le *Veni Creator*, en plain-chant harmonisé.

A la messe elle a exécuté le magnifique *Kyrie* de la messe en *si* bémol de Mozart le *Sanctus* de la messe de Sainte-Cécile de Gounod, suivi du *Benedictus* du même auteur.

Les soli d'une grande beauté musicale et d'une large envergure ont été dits par M. E. D...

La Maîtrise a chanté ensuite les deux répons *Unguentum* et *Firmetur* en plain-chant harmonisé et à la fin de la messe elle a exécuté le chant du *Te Deum* alternant pour les répons avec les élèves du grand séminaire placés près du chœur.

Ces chants ont produit la plus heureuse impression sur le public nombreux qui se pressait dans les vastes nefs de la Cathédrale et qui a pu goûter une fois de plus toute la religieuse et douce harmonie à la fois simple et si belle du plain-chant.

Le discours de Mgr Hugonin

Après la cérémonie du sacre, Mgr Germain a lu au nom de Mgr Hugonin un discours dans lequel, après avoir rappelé avec beaucoup de délicatesse le souvenir de Mgr Ducellier, a exprimé ses vœux pour le succès du ministère du nouvel évêque d'Orléans. Nous sommes heureux de publier l'allocution du Prélat :

« Monseigneur,

» Permettez-moi, à la fin de cette auguste cérémonie, de vous saluer, l'un des premiers, Évêque et prince de l'Église. Avec quelle profonde émotion nous avons accompli les rites de votre consécration épiscopale : avec quelle religieuse attention nous suivions le drame sacré qui se développait à nos yeux. L'Église nous apparaissait d'abord pénétrée de la grandeur et de la sainteté de l'acte qu'elle allait faire par notre ministère et remplie d'une sollicitude maternelle, elle vous demandait une fois encore une profession solennelle de votre foi : elle recevait vos promesses.

» Puis, animée d'une douce confiance, elle versait largement sur vous les trésors dont Jésus-Christ lui a confié la disposition ; elle unissait les prières et les consécrations, elle vous conférait la plénitude du sacerdoce avec ses pouvoirs sublimes et sa fécondité ! Et cette œuvre terminée elle éclatait en transports de joie et d'actions de grâces.

»Elle vous avait fait évêque c'est-à-dire apôtre, législateur et Pontife.

» Vous étiez asssocié d'une manière plus intime et plus parfaite à notre Seigneur Jésus-Christ dans l'œuvre de la Rédemption des hommes, votre cœur battait plus près de son cœur.

» Pendant que ces pensées se pressaient dans notre esprit, nous ne pouvions écarter un souvenir qu'elles réveillaient naturellement.

» Il y a dix-huit ans, dans la cathédrale de Bayeux, au milieu d'une foule sympathique et recueillie comme celle qui vous entoure aujourd'hui, nous imposions les mains à celui qui eût été si heureux de vous les imposer à vous-même et dont l'absence est si vivement sentie aujourd'hui. Il avait été notre auxiliaire intelligent et dévoué, et nous avait initié au gouvernement d'un diocèse, et il a bien voulu nous conserver jusqu'à la fin une amitié qui nous était précieuse, et dont il nous a donné de si délicats témoignages. Il s'est uni à nous, nous n'en doutons pas, il nous a béni du haut du ciel, c'est là notre plus grande consolation.

» Nous ne pouvions non plus nous soustraire à un autre souvenir. Vous allez vous asseoir sur le siège d'Orléans illustré par un grand évêque qui fut en même temps un grand patriote. Il y a 27 ans nous recevions de ses mains augustes et paternelles l'onction sacrée qui fait les Pontifes.

» Ces trois consécrations épiscopales se

confondaient dans nos pensées; elles sont trois époques mémorables de notre vie.

» Et maintenant, cher et vénéré Monseigneur, allez avec confiance prendre possession du siège épiscopal que Dieu vous a destiné. Prêtres et fidèles vous appellent. Allez recueillir l'héritage de vos saints et illustres prédécesseurs.

» Le dernier fut, comme vous, disciple et enfant de Mgr Dupanloup. Il eut l'honneur d'être choisi par lui pour partager les travaux de sa vaillante vieillesse. Tout le monde sait avec quel affectueux et filial dévouement il s'acquitta de cette délicate mission. Dieu a récompensé sa piété filiale en l'élevant sur le premier siège épiscopal de France où il a déjà conquis l'estime universelle. Les glorieuses traditions de l'Eglise d'Orléans sont remises entre vos mains. Vous les continuerez; nos vœux et nos prières vous accompagneront et nous serons heureux d'applaudir à vos succès. »

A la chapelle synodale

Au retour du cortège à la Chapelle synodale, Mgr Touchet a pris la parole pour remercier NN. SS. les Evêques et les membres du clergé de Besançon et d'Orléans qui assistaient à la cérémonie.

Le prélat a d'abord rappelé avec émotion son deuil inoubliable, puis il a exprimé sa reconnaissance à chacun des Evêques présents avec beaucoup de cœur, d'à-propos et de distinction. L'allocution de Mgr Touchet a été accueillie par des applaudissements enthousiastes.

Deux catholiques d'Orléans, M. le comte Baguenault de Puchesse, et M. le baron de Larnage ont exprimé ensuite, dans un langage plein d'élégance et d'élévation la joie des fidèles d'Orléans, à la pensée de recevoir bientôt un tel évêque. Dans sa réponse très fine et très cordiale, Mgr Touchet, après avoir déclaré qu'il n'oublierait jamais le diocèse de Besançon, a dit qu'il était prêt à se dévouer complètement à son nouveau diocèse.

Discours de MM. Baguenault de Puchesse et de Larnage

M. Baguenault de Puchesse, président du comité des écoles libres, a pris la parole en ces termes :

Monseigneur,

Vous permettez, j'espère, aux catholiques d'Orléans, venus en trop petit nombre, à la suite des dignes représentants du diocèse, qui sont tous leurs maîtres ou leurs amis, de vous souhaiter respectueusement la bienvenue, sans attendre votre solennelle entrée dans notre ville.

Depuis longtemps, Monseigneur, nous voudrions vous voir à notre tête, nous soutenant dans la lutte de chaque jour, qui est de plus en plus la destinée même du chrétien. Déjà, la juste renommée de vos vertus, de votre talent éprouvé d'administrateur, de votre éloquence si goûtée, vous avait précédé parmi nous ; mais tous les cœurs orléanais ont été singulièrement touchés par les paroles de patriotisme et de foi que vous avez consacrées naguère à notre chère Jeanne d'Arc.

Nous savons, Monseigneur, que vous avez la jeunesse généreuse, la force et la décision qui font les grandes choses ; nous savons que, dans cette époque difficile de transformations politiques et sociales, vous ne répugnez pas à donner la place qu'elle mérite à cette démocratie nouvelle, qui se réclame, elle aussi quelquefois inconsidérément, de l'Évangile, et que vous êtes d'autant plus disposé à suivre les conseils et les enseignements de notre grand pape Léon XIII, que vous en avez reconnu l'un des premiers, la sagesse et l'opportunité.

Vous trouverez à Orléans, Monseigneur, les grandes traditions de haute éducation intellectuelle, de charité inépuisable, de piété éclairée, que nos grands évêques y ont développées depuis un demi-siècle ; vous y rencontrerez les traces toutes récentes et pour longtemps ineffaçables de la mutuelle affection qui nous unissait à un prélat dont tant de graves et émouvantes conjonctures viennent de faire éclater devant la France, et on peut dire devant l'Europe entière, les résolutions vaillantes et les généreuses inspirations.

Nous remercions le gouvernement ; nous

remercions le Souverain Pontife de vous avoir choisi pour succéder à Mgr Dupanloup et à Mgr Coullié comme évêque d'Orléans; nous remercions les amis si nombreux et si attachés que vous avez à Besançon de vous laisser venir parmi nous. Nous voudrions, Monseigneur, vous faire oublier de si précieux souvenirs; et vous pouvez compter que les fidèles de votre nouveau diocèse ne se laisseront surpasser par aucune confiance, aucun zèle et aucun dévouement.

Après lui, M. de Larnage s'est exprimé ainsi :

Monseigneur,

Un humble maire de village ne saurait avoir la prétention de parler au nom de la population rurale de votre nouveau diocèse. Il aurait peu de choses, du reste, à ajouter à ce qui vient de vous être dit avec tant de tact et de cœur au nom des Orléanais. Cependant, vivant en contact perpétuel avec cette population de notre campagne du Loiret, j'ai le vif désir de vous dire d'un seul mot, Monseigneur, ce qu'elle est et ce qu'elle attend.

Si nos campagnards sont sensibles au dévouement de ceux qui s'occupent de leurs intérêts matériels, ils sont non moins sensibles à la parole de ceux qui ont des vues plus hautes et savent parler à leur intelligence et à leur cœur.

Vous possédez, Monseigneur, « les paroles de vie », vous les leur ferez entendre avec cette éloquence qui sait toucher, parce qu'elle vient de votre cœur, et permettez-moi de vous dire qu'elle saura atteindre le leur, qui, comme le nôtre, vous est acquis à l'avance.

Au grand séminaire

A midi, Mgr Touchet réunissait dans une des salles du grand séminaire décorée avec un goût exquis une centaine d'invités. Partout des faisceaux de drapeaux aux couleurs nationales et pontificales encadrent les armoiries des évêques, de la verdure et des fleurs.

L'amabilité la plus douce n'a cessé de régner pendant ces fraternelles agapes. Au dessert, une cantate de circonstance exécutée avec beaucoup de *brio* par la Maîtrise, toujours fidèle à ses aimables traditions, a été vivement applaudie par l'assistance.

Les Vêpres pontificales

A trois heures, les cloches de Saint Jean annoncent les vêpres. Déjà les nefs et les tribunes regorgent de fidèles, et le cortège épiscopal a peine à se frayer un passage à travers ces masses compactes. Quand Mgr Touchet paraît, chacun s'empresse autour de lui. Le nouvel évêque, profondément touché de ces marques de sympathie, bénit les enfants qu'on lui présente et a pour tous ceux qui l'entourent un regard bienveillant, un sourire et une bénédiction.

Les vêpres sont chantées pontificalement par Mgr l'évêque d'Orléans. Après le *Magnificat*, Mgr Germain, évêque de Coutances, est monté en chaire et, dans un discours très élevé et tout vibrant de foi et de patriotisme, a rappelé les éminents services rendus par les évêques à la France, et retracé les bienfaits de l'épiscopat dans notre pays à l'heure actuelle. Nous publions ci-après ce beau discours qui a mis le comble aux joies de cette grande journée.

Au Salut solennel, la maîtrise a chanté le *Sub tuum* de Desvignes, et le *Tantum ergo* de Glück.

. .

Telle a été cette cérémonie, qui a témoigné une fois de plus de l'universelle et respectueuse sympathie dont Mgr Touchet a toujours été l'objet, et qui demeurera dans les Annales religieuses de notre diocèse un événement à jamais mémorable.

LES
ADIEUX DU CLERGÉ DE BESANÇON
à Mgr Touchet

Lundi 16 juillet, à quatre heures du soir, le Chapitre de la métropole, MM. les vicaires généraux, les membres du clergé séculier et régulier de la ville de Besançon, auxquels s'étaient joints un grand nombre de prêtres du diocèse, venus pour assister au service anniversaire de Mgr Ducellier, se sont réunis à la Chapelle synodale pour offrir à Mgr Touchet, l'hommage de leurs félicitations, et l'expression de leurs regrets.

Le vénérable doyen du Chapitre M. le chanoine Galliot, a bien voulu se faire en cette circonstance solennelle, l'interprète de tous. Dans une allocution pleine de cœur, et que nous regrettons de ne pouvoir reproduire, il a dit à Mgr d'Orléans les regrets très vifs inspirés par son départ à tout le clergé du diocèse qui était si fier de lui ; il a rappelé ensuite comment les six années passées dans notre diocèse, en des temps si difficiles, avaient manifesté à tous les trésors de son intelligence, la sagesse de ses conseils, et la tendresse de son cœur ; aussi, le clergé bisontin gardera toujours pour le nouvel évêque, avec le meilleur souvenir, une affection inaltérable.

Au commencement de sa réponse des plus cordiales, Mgr Touchet, faisant allusion à la prochaine arrivée de Mgr Petit, a demandé aux prêtres d'avoir pour le distingué pontife que la Providence leur envoie, les mêmes rapports de déférence et d'affection qu'ils ont eu pendant six ans avec Mgr Ducellier. Le prélat a exprimé ensuite sa reconnaissance pour la démarche dont il était l'objet, et a affirmé avec une sincère émotion que rien ne pourrait jamais briser les liens qui l'unissent au diocèse de Besançon, où sa vie sacerdotale s'est développée, et à cette Franche-Comté dont il demeure le *fils adoptif*.

.˙.

Mardi 17 juillet, à sept heures trente-cinq du soir, Mgr Touchet, accompagné par M. le chanoine de Vregille, curé de Saint-François-Xavier, M. le chanoine Louvot, curé de Saint-Claude, et M. l'abbé Riffaut, curé d'Aillevillers, quittait Besançon pour se rendre, en passant par Vesoul et Paris, à Orléans où son intronisation solennelle a eu lieu jeudi 19 juillet. MM. les vicaires généraux Dubillard et de Beauséjour, auxquels s'étaient joints une trentaine de prêtres et plusieurs laïques, s'étaient rendus à la gare de la Viotte, pour saluer une dernière fois le sympathique prélat. Nos vœux et nos cœurs le suivent sur cette terre si française du Loiret, que ses mérites et ses vertus vont féconder pour l'honneur de l'Église et de la Patrie.

CANTATE

à S. G. Mgr Touchet

POUR LE JOUR DE SON SACRE

PAR LA MAITRISE DE BESANÇON

I

Saint prélat, Jésus environne
Et pare votre front du bandeau précieux;
Sur cette terre et dans les Cieux,
Gloire à Jésus qui vous couronne !
L'Esprit-Saint en langues de feu
Vous marque comme apôtre au pied de cette chaire
Où votre grande voix vengea les droits de Dieu !
Que votre gloire nous est chère !
Vous êtes notre bien et l'honneur du saint lieu.

CHŒUR

Sois fière, antique métropole !
Ton sein donne à l'Église un pontife nouveau,
Et ton diadème si beau
S'enrichit encor d'un joyau.
Un pontife de plus forme ton auréole.
Sois fière, antique métropole !
Heureuse et longue vie au Pontife nouveau !

II

Saint évêque, nos vœux et notre humble prière
Vous accompagneront là-bas dans la carrière;
Aussi, n'oubliez pas, en ce jour solennel,
Le chœur d'enfants qui chante à l'ombre de l'autel;
Auprès du Roi des Rois, votre puissance est grande;
Que votre main s'élève et sur nos fronts répande
La bénédiction du Ciel.

III

Jeanne, réjouis-toi. Par un nouveau prélat,
  Homme de cœur et de génie,
Dieu se plait à orner d'un plus brillant éclat,
  Ton grand nom, ta cité bénie.
  Orléans, pour ce grand honneur
  Adresse tes vœux au Seigneur ;
Orléans, de la France et la gloire et la vie.
Sois fière du prélat que Besançon t'envie.

IV

Un père bien-aimé devait bénir lui-même
  Le fils de sa dilection !
  Sa joie aurait été suprême ;
Rien n'eût manqué dès lors à son ambition !
Mais il s'est réjoui sur sa couche funèbre
Son âme le bénit de la céleste cour.
Nous saluons aussi dans nos chants de ce jour
  Fulbert qui gouverne à son tour ;
Heureux d'inaugurer par un sacre célèbre,
  Son règne cher à notre amour.

V

Frères, n'oubliez pas dans un concert si juste,
Ces évêques de Dieu, nos pères dans la foi ;
  L'amour lui a fait une loi
D'entourer notre autel de leur cortège auguste.
Enfin, par-dessus tout, saluons le Saint-Père :
  C'est en lui que le monde espère
A travers monts et mers nos cœurs volent vers lui.
Grâces pour sa faveur ! Sa droite a fait un signe
  Vers l'Elu qu'il a jugé digne ;
  Nous lui devons la fête insigne
  Que nous célébrons aujourd'hui

DISCOURS DE MGR GERMAIN

Hic est fratrum amator et populi Israel.

Celui-ci est l'ami de ses frères et du peuple d'Israël.
(II. Mach. xv, 14.)

Messeigneurs,

C'est Dieu qui donne la mort et qui donne la vie.

Un an s'est à peine écoulé depuis le jour où cette métropole s'était enveloppée soudain de tristesse et de deuil, où les cloches pleuraient, où les fidèles pleuraient, où les prêtres pleuraient, où tous les cœurs pleuraient. C'était justice. Ravi trop tôt, hélas ! à l'affection et aux espérances de son peuple, votre Archevêque, nos très chers frères, méritait la grande pompe et les regrets unanimes dont vous avez entouré son cercueil : car il était le Pontife décrit par saint Paul, irrépréhensible, prudent, orné, pacifique, gouvernant sa maison dans un ordre parfait. Il était le Pontife dévoué au Christ son maitre, le Pasteur qui ne vivait que pour son troupeau.

Église de Besançon, vos larmes n'étaient

que trop légitimes : la mort venait de vous frapper d'un coup si sensible !

Mais voici qu'aujourd'hui, c'est la vie ; après les larmes, c'est la joie !

Frère bien-aimé, quand je vous vois maintenant revêtu du caractère épiscopal, il me revient à l'esprit un texte qui trouve dans cette auguste cérémonie sa vivante application.

C'est la loi de la nature, dit un docteur, que les fils ne meurent pas avant leurs parents, *nepotes non morientur ante parentes*; qu'ils leur ferment les yeux, *sed eis claudent oculos*, et entrent dans leur héritage, *eisque succedent*. Le vœu des parents, c'est de se voir des fils et de vivre avec eux des jours longs et joyeux, *hoc enim parentum solent esse vota ut videant filios, cum iisque diu et læte vivant*; c'est enfin de laisser en eux des continuateurs de leurs mérites, *ac tandem post se virtutis suæ propagatores relinquant*.

Il vous a vu grandir à ses côtés, celui dont la mort a blessé nos cœurs d'une inguérissable blessure, et, s'il n'a pu vivre aussi longtemps que le rêvait notre commune affection, du moins il a vécu dans la joie de votre intimité. Vous avez été la lumière de ses yeux, le bras droit de son administration, les délices de son cœur. Aussi, des régions célestes, il peut chanter aujourd'hui : « Je ne suis pas mort tout entier. Je vis, car je laisse à l'Église un héritier de mon esprit ; je laisse ma houlette pastorale à des mains qui la tiendront sans fléchir. Cette tête si chère portera noblement la mitre : la croix du Maître resplendira sur une poitrine digne d'elle. Il ne mettra pas les ténèbres à la place de la lumière : il ne donnera pas au mal le nom de bien : il sera évêque : *Ecce sacerdos magnus.* Il sera l'homme de Dieu: *in diebus suis corroboravit templum.* Il sera l'homme de son pays : *in vita sua suffulsit domum.* »

Que n'est-il ici pour vous adresser la parole en cette solennité sans égale ! Puisque la mort nous l'a pris, je voudrais, moi que jadis il appelait à prêcher votre première communion, je voudrais m'inspirer de son cœur et de sa parole : je voudrais faire retentir encore sous ces voûtes les accents de celui qui n'est plus, *Defunctus adhuc loquitur.*

Vous montrer, nos très chers frères, que l'évêque, homme de Dieu et de l'Eglise par son caractère, est l'homme de son pays par ses œuvres, tel est tout mon dessein. *Hic est fratrum amator et populi Israel.*

Si l'Eglise est la patrie de l'éternité, comme on l'a dit, la patrie est l'Eglise du temps. Voilà pourquoi l'Evêque est l'homme de son pays. Dieu fait son cœur assez grand pour contenir à la fois ce double et noble amour. C'est d'ailleurs la voie que lui a tracée Jésus-Christ lui-même, lui qui, pour parler le langage de Bossuet, versa son sang avec un regard particulier pour sa nation ; lui qui voulut que l'amour de sa patrie trouvât sa place dans le grand sacrifice qui devait faire l'expiation de tout l'univers. C'est la voie que lui ont tracée les premiers Evêques, ces Apôtres dont Bossuet a dit encore : « Il n'y eut jamais de meilleurs citoyens, ni qui fussent plus utiles à leur pays ».

Comme ces paroles s'appliquent merveilleusement à l'épiscopat de notre France en particulier! Pour le prouver, deux mots suffisent : *C'est l'épiscopat qui jadis a fait la France, et c'est l'épiscopat qui, de nos jours encore, demeure l'un de ses meilleurs soutiens.*

I

A l'origine, en effet, nos très chers frères, cette France, appelée depuis le plus beau royaume après celui du ciel, ne ressemblait que trop au chaos de la création. C'était un mélange confus de races guerrières, mais sauvages et informes. Pour préparer ces races à leurs destinées, il fallait d'abord les convertir, en les baignant dans la lumière et dans le sang du Christ ; il fallait ensuite les organiser, les discipliner, en former un corps ; il fallait enfin les instruire, les amener à la civilisation. Heureusement l'Esprit du Seigneur planait sur ces éléments disparates et grossiers. Il entrait dans les desseins de Dieu de les transformer peu à peu pour en faire, avec le temps, le peuple chrétien par excellence. Et l'instrument de cette transformation, ce fut l'épiscopat.

Dès les premiers siècles, des Évêques s'établissent dans la Gaule. A Marseille, saint Lazare ; à Aix, saint Maximin ; à Lyon, saint Pothin ; à Paris, saint Denys et ses compagnons ; à Limoges, saint Martial ; à Bayeux, saint Exupère. Ils sillonnent le pays en tous sens. Ils prêchent par la parole, ils prêchent par l'exemple, ils prêchent par le martyre.

Voici venir après eux, pour cultiver la semence et continuer leur œuvre, de puissants et glorieux successeurs : saint Irénée, saint Ferjeux, saint Ferréol, saint Hilaire, saint Martin. Les populations étonnées regardent et prêtent l'oreille. Dans les campagnes, livrées au paganisme, les autels s'ébranlent, les temples s'écroulent, les fausses divinités cèdent la place au vrai Dieu. Dans les villes qui succombent sous l'infamie des mœurs romaines, les esprits s'ouvrent à la lumière, les cœurs à la morale de l'Evangile. Saint Martin, en particulier, s'illustre par de prodigieux succès. « Le souffle de sa prière, a dit un grand écrivain, renversa les temples et les idoles, déracina les bois sacrés et acheva de donner la Gaule au Christ.

Tel est, nos très chers frères, le premier service rendu par l'épiscopat à notre patrie. Il l'a conquise à cette foi qui chasse les ténèbres, extermine les vices et fait un seul peuple des vainqueurs et des vaincus.

La foi triomphait ; il fallait organiser. Nous ne pouvons ici que courir sur les cimes de l'histoire.

Impuissante à se gouverner elle-même, incapable de résister aux invasions des Barbares, la foule appelait des magistrats et des défenseurs : elle les trouva dans les Evêques qui, par le besoin des temps et grâce à la sagesse, au dévouement qui les signalaient, devinrent les premiers magistrats des cités, chargés de l'administration et de la justice, de la défense des villes et des particuliers. Ils durent, au milieu de la déroute et du découragement universels, se faire préfets, intendants, généraux. Suivez-les quand les Barbares envahissent notre pays.

Devant les évêques désarmés, la fureur des conquérants farouches tombe et s'évanouit. Qui donc arrête Attila sous les murs d'Orléans ? Saint Aignan. Qui l'arrête à Troyes ? Saint Loup. Qui défend Toulouse ? Saint Exupère.

Qui retient le roi des Allemans au centre de la Gaule ? Saint Germain d'Auxerre. Qui répare ensuite les désastres ? Qui rachète les captifs ? Qui nourrit les pauvres ? Qui restaure les églises, relève les courages et ranime l'espérance ? Toujours et partout les évêques.

La race des Francs s'attache à notre sol : c'est elle que Dieu destine à régénérer la Gaule en lui infusant une sève nouvelle. Mais qui transfigurera cette race ? Qui lui gardera ses dons naturels en la débarrassant de ses fureurs, de ses appétits de brigandage, en prévenant les retours et les accès de son irrésistible sauvagerie ? Voyez-vous, sur le seuil de la cathédrale de Reims, cet évêque doux et fort ? Saluons dans saint Remi, en même temps que le pacifique vainqueur de Clovis, l'un des pères de notre nationalité. Trois mille soldats entrent avec leur chef dans la fontaine baptismale : ils y laissent leurs souillures et sortent du bain sacré, prêts à toutes les nobles entreprises, prêts à écrire la première page d'une histoire où viendront s'entasser, à côté de revers uniques, des triomphes d'une incomparable gloire, des triomphes divins. *Gesta Dei per Francos* « On eût pu voir sortir avec eux, dit Ozanam, quatorze siècles d'empire, toute la chevalerie, les croisades, la scolastique, c'est-à-dire l'héroisme, la liberté, les lumières modernes. »

Quand, trois siècles après, apparaîtront sur la terre de Neustrie ces hommes du Nord qui ne respirent que la dévastation et le carnage, qui les adoucira ? Qui préparera le traité de S. Clair-sur-Epte ? Les Evêques dont l'honneur sera de donner à la France cette race que l'on a pu comparer à la race hellénique pour sa force d'expansion et que Michelet ne craint pas d'appeler « la race la plus héroique du Moyen-Age. »

S. Rémi avait commencé l'œuvre de formation. Grégoire de Tours, Prétextat de Rouen, Germain de Paris, Eloi de Noyon et tant d'autres continueront dignement leurs devanciers. Par leurs conseils et leurs exemples, ils frapperont à la marque chrétienne la royauté, la noblesse et le peuple ; et l'on verra sortir de leurs efforts cette merveille d'autorité et de liberté, de force et de douceur qui fleurit avec la monarchie de S. Louis.

Qui réduira la violence de cette noblesse franque, habituée à tout décider à coup d'épée, qui semble l'irréconciliable ennemie de toute contrainte et même de toute loi ? Les Evêques encore. Ils lui font accepter la Trêve de Dieu, lui font abandonner les tournois, et surtout, à force de patience et d'énergie, ils inclinent devant la loi morale ces hommes qui, comme les anciens Gaulois, auraient pu dire qu'ils ne craignaient rien, sinon que le ciel leur tombât sur la tête. Ces hommes intraitables, ils les constitueront, au concile de Clermont (1025) les protecteurs de toutes les faiblesses, les soldats de Jésus-Christ et de son Eglise. Puis naîtra, grandira, se développera, sous leur influence, cette institution, mêlée trop souvent de ferments tout humains, mais qui couvrira le pays de grands caractères et de grandes œuvres, la *Chevalerie*.

Telle fut l'action de l'épiscopat sur les rois et sur les grands. Que fera-t-il pour le peuple ? Il le défendra contre les exactions du fisc et la tyrannie des seigneurs ; il assurera ses franchises. « Il n'y avait pas de grande ville, dit Ozanam, qui n'eût le tombeau d'un saint pour monument de ses franchises, et un évêque pour la soutenir contre les prétentions des comtes et des usuriers juifs qui affermaient l'impôt. » Grâce à l'épiscopat, les esclaves se rachètent, les serfs s'émancipent, les communes s'affranchissent, les roturiers conquièrent leurs droits.

Pour fondre tant d'éléments hostiles et finalement établir l'unité française, quels efforts n'a pas tentés l'épiscopat ? Dans ses conciles, dans le conseil des rois, dans les assemblées de la nation, il porte et fait adopter les lois les plus efficaces et les plus salutaires. Les tribunaux civils se forment sur le modèle des tribunaux canoniques, l'esprit d'union remplace la discorde, la paix succède à la guerre. Les Evêques, selon le mot fameux, construisent la France comme les abeilles leur ruche.

« Cependant, écrit un historien de nos

jours, l'épiscopat conserve les anciennes acquisitions du genre humain, la langue latine, la littérature et la théologie chrétiennes, une portion de la littérature et des sciences païennes, l'architecture, la sculpture, la peinture, les arts et les industries qui servent au culte, les industries qui donnent à l'homme le pain, le vêtement, l'habitation. » (Taine.

Au pain du corps ajoutez celui de l'âme. Ce sont, en effet, les Evêques qui fondent les savantes Universités du Moyen-Age ; ils y attirent des légions d'écoliers. Les cathédrales abritent les écoles instituées par eux. Mais leur sollicitude ne s'étend pas moins aux petits. Dès le VIᵉ siècle, au concile de Vaison, ils se préoccupent de l'instruction du peuple et avec un tel succès que, trois cents ans plus tard, la France est couverte de ce que nous appellerions aujourd'hui écoles de hameau. C'est un évêque d'Orléans, Théodulf, qu'ordonne « que les prêtres tiennent des écoles dans les bourgs et les campagnes et que si quelques-uns des fidèles veulent leur confier de petits enfants pour leur faire étudier les lettres, ils ne refusent point de les recevoir et de les instruire. »

Partout l'Eglise se fait l'institutrice du peuple ; et, parmi les maîtres d'école, figurent au premier rang les Evêques « Ici, dit un éminent publiciste, des enfants, dont le sourire printanier se changeait en gravité touchante, entouraient un vieillard dont la gravité se changeait en sourires angéliques. L'enfant était homme, et l'homme était enfant... Un petit codex à la main, chacun de ces petits enfants s'approchait du vieillard à son tour, faisait le signe de la croix, et prononçait, après de charmantes hésitations, le nom des lettres que le vieillard lui désignait du doigt. Ce vieillard, cet instituteur primaire, qui enseignait aux petits enfants l'alphabet, c'était un Évêque catholique. C'était saint Césaire, archevêque d'Arles, montrant l'alphabet ; saint Didier, évêque de Vienne, en Dauphiné, enseignant lui-même la grammaire ; Fulbert, évêque de Chartres, Leidrade, archevêque de Lyon, et beaucoup d'autres. »

Voilà comment, N. T. C. F., dans les siècles précédents, l'épiscopat procurait à notre pays les bienfaits de la vérité chrétienne, de l'organisation civile, de l'ordre, de la liberté, de l'instruction et de la civilisation. Voilà comment il édifiait ce monument de la nationalité française, « le plus illustre qui soit sous le soleil », a dit Bossuet.

II

Que fait-il de nos jours ? Il continue l'œuvre de ses immortels devanciers. Il conserve à la France la vérité religieuse qui prévient l'anarchie ; il garde à la France la charité chrétienne qui garantit l'union et la paix ; il maintient en France l'éducation qui fait les hommes de respect et de devoir. Voilà l'œuvre contemporaine de l'épiscopat : œuvre d'évangélisation, œuvre de pacification, œuvre d'éducation.

Et d'abord œuvre d'évangélisation. N'est-elle pas, en effet, N. T. C. F., nécessaire, en ces temps de paganisme et de matérialisme, comme à l'origine de notre pays ? L'évangile ! Notre siècle trop souvent n'en veut plus, il l'attaque avec fureur ; il s'applique à le démolir pièce par pièce, au nom de sa prétendue science : il le hait et le répudie comme l'ennemi du jour.

En face de ces négations et de ces haines, l'épiscopat redouble d'efforts ; il multiplie les sacrifices pour garder à la France la vérité, ce pain des âmes, sans lequel un pays marche droit à la mort.

N'entendez-vous pas aujourd'hui, plus forte que jamais parce qu'elle est plus indispensable que jamais, cette voix de l'épiscopat qui retentit vengeresse pour défendre ces dogmes primordiaux de l'existence de Dieu, de l'existence de l'âme, de la réalité du ciel et de l'enfer ? Combien qui l'écoutent cette voix de salut et de vie ? Combien au contraire qui traitent ces vérités de mensonges et de fables ? — Qu'on y prenne garde : en ébranlant l'enseignement catholique, c'est le fondement même de la société qu'on ébranle. Rejeter cet enseignement, c'est fomenter le désordre et ouvrir toute grande la porte à l'anarchie. Si vous suspectez ma parole, écoutez un homme qui ne vous sera pas suspect.

« Puisqu'il n'y a plus sur la terre que des choses matérielles, de l'or et du fumier, donnez-moi donc ma part d'or et de fumier, aurait le droit de vous dire tout homme qui respire — Ta part est faite, lui répond le spectre de société que nous avons aujourd'hui. — Je la trouve mal faite, reprend l'homme à son tour. — Mais tu t'en contentais bien autrefois, dit le spectre. — Autrefois, répond l'homme, il y avait un Dieu dans le ciel, un paradis à gagner, un enfer à craindre; il y avait aussi sur la terre une société. J'avais ma part dans cette société, car si j'étais sujet, j'avais au moins le droit de sujet, le droit d'obéir sans être avili. Mon maître ne me commandait pas sans droits au nom de son égoïsme. Son pouvoir remontait à Dieu qui permettait l'inégalité sur la terre. Nous avions la même morale, la même religion. Au nom de cette morale, de cette religion, servir était mon lot, commander était le sien. Mais servir, c'était obéir à Dieu et payer de mon dévouement mon protecteur sur la terre. J'avais la prière, j'avais les sacrements, j'avais le saint sacrifice, j'avais le repentir et le pardon de mon Dieu. J'ai perdu tout cela ; je n'ai plus de paradis à espérer ; il n'y a plus d'Église ; vous m'avez appris que le Christ était un imposteur. Je ne sais s'il existe un Dieu, mais je sais que ceux qui font la loi n'y croient guère, et qu'ils font la loi comme s'ils n'y croyaient pas. Vous avez tout réduit à de l'or et à du fumier. Je veux ma part de cet or et de ce fumier.

Qui fait entendre ces accents farouches, mais saisissants de lugubre vérité? Est-ce un prêtre? Est-ce un jésuite? Est-ce un évêque? Non, c'est Pierre Leroux qui parle ce langage.

Vous le voyez, N. T. C. F., ce n'est pas en vain qu'on s'attaque à Dieu. Quand la base est minée, l'édifice s'écroule. Or, que se passe-t-il aujourd'hui sous nos yeux? L'impiété sans frein et sans cœur poursui audacieusement ses ravages et ses criminels attentats. Pour elle, Dieu, c'est un vieux mot, vide de sens la propriété, c'est le vol ; l'autorité, un fantôme. L'anarchie, sortant de ses antres, lève effrontément la tête. Après avoir élaboré dans l'ombre ses projets homicides, elle les réalise au grand jour. Elle frappe des coups terribles et foudroyants. On a beau multiplier les menaces, multiplier les lois, multiplier les moyens de terreur, rien n'arrête ses furieux emportements. Impossible d'enchaîner le monstre ! Les citoyens honnêtes se voilent la face et se demandent dans la consternation quel sera pour eux le lendemain. Où trouver le remède ? Pourquoi chercher si loin quand il est entre nos mains ? Le remède, nos très chers frères, il est dans l'Evangile que l'évêque a mission de vous prêcher par lui-même et par ceux qu'il envoie. Au lieu de bannir le catéchisme, qu'on le rappelle partout, dans la famille et dans l'école. Au lieu de bannir la croyance au paradis et à l'enfer éternels, qu'on relève au plus tôt ces saintes et salutaires croyances. Qu'on fasse reluire au front du pouvoir le reflet de l'autorité divine. Qu'on réhabitue les âmes à la prière et aux sacrements. Que Dieu, que Notre Seigneur Jésus-Christ, que la Sainte Eglise rentrent dans leur domaine ! Et le formidable problème sera résolu, l'anarchie enchaînée, le respect restauré, l'ordre rétabli. Que si l'on réduit tout à de l'or ou à du fumier, tremblons : car nul frein ne retiendra la bête irritée, nulle digue n'arrêtera le torrent : l'abîme nous engloutira,

Qu'on ne nous réponde pas : Vous avez vos églises. — Sont-elles d'abord assez vastes pour contenir tout ceux qui ont besoin de nous entendre ? — Et si l'on tente par ailleurs tous les efforts pour empêcher d'y entrer ! Enfin ne l'oublions pas : en face de l'immense péril qui menace non pas seulement la religion, mais la société, le concours de toutes les forces défensives est absolument nécessaire.

Conserver à la France la vérité religieuse qui prévient l'anarchie, tel est le premier service rendu de nos jours par l'épiscopat à la société.

Quel est le second ! Celui de maintenir la charité qui garantit la paix et l'harmonie.

Un chroniqueur du moyen-âge nous montre, à la veille d'une grande bataille, deux armées qui sont en présence, attendant impatiemment le signal du combat. Or il y avait là, dit-il, deux princes de l'Église, deux nonces du Saint-Siège qui allaient d'une armée à l'autre portant des paroles de conciliation et de paix. Ils voulaient à tout prix ménager un accommodement, prévenir un choc terrible et arrêter l'effusion du sang.

Qui pourrait s'y méprendre ? Les deux armées sont toujours en présence, les deux camps existent toujours. D'une part le camp de ceux qui possèdent ; de l'autre celui des déshérités de la fortune ; d'une part, le camp des heureux ; de l'autre, celui des déshérités du bonheur. Quel sera le médiateur entre ces deux armées ennemies, acharnées l'une contre l'autre ? On l'a dit avec raison : la nuit ne connait qu'un vainqueur, c'est la lumière; le froid ne connaît qu'un vainqueur, c'est la chaleur. La haine à son tour ne connaît qu'un vainqueur, c'est l'amour. C'est lui, c'est l'amour qui jadis a sauvé le monde ; c'est lui, c'est l'amour qui nous sauvera. Il fera ce que fait la mère entre deux fils ennemis. Elle touche par son cœur à ces deux cœurs que la haine sépare; elle les rapproche et les force à s'embrasser sur son sein. La haine c'est la mort, l'amour c'est la vie. L'amour nous donnera la vie en faisant de toutes les classes de la société une seule famille, de tous les citoyens des frères. Voilà comment le christianisme résout la terrible question des riches et des pauvres. Le paganisme répondait par un mot qui dégrade et qui révolte : l'esclavage. Le christianisme répond par un mot qui console et réhabilite : la charité.

Mais cette charité, qui donc la prêche et la met en pratique? L'Évêque représentant du Christ Charité : l'Évêque qui va partout et toujours rappelant par lui-même et par ses auxiliaires le précepte divin : Aimez-vous les uns les autres. Faites du bien à ceux qui vous haïssent. Vous êtes tous de la famille de Dieu ; vous êtes tous frères : l'Évêque qui n'admet pas que jamais la force prévale contre le droit, qui condamne toutes les injustices, qui honore les grands, mais qui soulage, relève et soutient les petits ; l'Évêque qui bénit et ne maudit jamais, qui unit et ne divise jamais, qui apaise et qui n'irrite jamais ; l'Évêque qui est le père de tous et qu'on peut appeler, comme celui dont il est l'ambassadeur ici-bas, le Médiateur, le Prince de la paix ; l'Evêque enfin qui, pour arracher la patrie aux horreurs d'une guerre fratricide, sait mourir frappé sur une barricade ou assassiné dans l'obscurité d'une prison. Car l'Evêque ne parle pas seulement le langage de la charité, il manifeste sa charité par les œuvres. D'où part en effet l'inspiration de toutes les associations catholiques et bienfaisantes qui peuplent nos campagnes, nos villes, nos diocèses ? De l'épiscopat. D'où proviennent ces asiles de paix et d'innocence, de repentir et de pardon, ces orphelinats, ces refuges, ces établissements destinés à toutes les misères physiques et morales ? De l'épiscopat, dont la vie se résume en un mot : la Charité.

Il est, entre beaucoup d'autres, un dernier service rendu par l'Evêque à son pays, je veux dire son dévouement à la jeunesse. Il aime la jeunesse. Elle est l'espérance, elle est l'avenir. Aussi quand l'Evêque voit cette jeunesse française par elle-même si aimable, si droite, si honnête, toute palpitante de générosité, de saintes et sublimes ardeurs, quand il la voit, dis-je, aux mains de l'impiété, aux mains de l'erreur, quand il la voit exposée à grandir sans foi, sans frein et sans vertus, son cœur souffre d'une poignante et irrésistible douleur. Il souffre pour le jeune homme ; il souffre pour la famille ; il souffre pour son pays et pour Dieu. Comment conjurer tant de périls à la fois ? L'Evêque sait l'heureuse et bienfaisante influence de l'éducation chrétienne ; il sait les promesses et les richesses de l'éducation fondée sur les principes religieux ; il sait que l'âme victorieuse qui triomphe du monde, du monde des ténèbres, du monde de la faiblesse, des passions et du désespoir, c'est la foi. Que fait-il alors ? Comme ses ancêtres dans l'épiscopat, il se donne, il se dévoue à l'éducation de l'enfance et de la jeunesse. Que d'efforts et de sacrifices il s'impose pour mener à bonne fin cette œuvre capitale, essentielle ! Lui, qui si souvent plie sous le poids de tant de détresses à soulager, de tant de saintes causes à soutenir, il se lève prêt à affronter tous les obstacles. Il fait appel aux cœurs généreux et patriotiques. Il tend la main, s'il le faut, pour obtenir les ressources indispensables ; il crée, il développe, il multiplie les asiles destinés à recueillir et à former chrétiennement la génération qui s'élève. C'est, à l'heure présente, l'un des soucis qui l'écrasent, l'un des besoins qui concentrent son activité.

Pourquoi, demandez-vous, N. T. C. F., tant de préoccupations et de peines ? Pour servir au mieux les intérêts de la religion sans doute, mais aussi du pays lui-même. Convaincu que l'instruction purement humaine est absolument incapable de fonder une morale obligatoire ; que, si elle peut éclairer la route, elle ne saurait donner la force de la parcourir ; qu'elle ne fait ni la probité, ni la loyauté dans les transactions, ni l'honnêteté, ni l'amour du devoir, ni la conscience, l'Évêque s'ingénie, il se dépense, pour procurer à l'enfance une éducation qui assure autant que possible ces inappréciables résultats. Il se souvient de la leçon donnée par un grand légiste au commencement de ce siècle : « Lorsqu'il n'y aura plus de religion, il n'y aura plus ni patrie, ni société pour les hommes qui, en recouvrant leur indépendance, n'auront plus que la force pour en abuser. » Et il s'épuise à former des jeunes gens dignes de la France. La gloire qu'il ambitionne, c'est de pouvoir un jour montrer à cette France l'homme, le chrétien qu'il élève pour elle et lui dire avec un Prélat contemporain : « En voilà un qui t'offre son corps, ses bras, ses jambes et sa poitrine. Tu peux l'envoyer sous la mitraille : il mourra, mais ne se rendra pas. Tu peux lui confier les plans de campagne les mieux concertés et les plus cachés : il ne les révélera pas. Tu peux lui donner les missions les plus délicates : il y mettra son cœur, son intelligence, toutes les ressources de son esprit : il pourra succomber à la peine : il peut tout perdre, mais jamais l'honneur. Tu peux lui remettre la clé de tous les trésors : il connait et pratique le commandement qui lui dit : *Le bien d'autrui tu ne prendras*. Tu peux le placer dans les postes les plus élevés : il y sera pour te servir et non pour s'enrichir, lui et les siens : il y aurait des millions à ses pieds qu'il ne se baisserait pas pour les ramasser. Tu peux le présenter à tes amis et à tes ennemis : il sera fidèle à son pays comme à son Dieu. »

Oui, l'Evêque est l'homme du pays. Puisse la France le comprendre et apprécier un tel concours ! Puisse-t-elle voir en lui ce qu'il est en réalité, l'ami de ses frères et du peuple, celui qui parle, qui prie, qui agit, qui souffre, qui vit pour eux, et voudrait faire de sa patrie la reine des nations, la mère la plus forte, la plus glorieuse, la plus enviée.

Comment, avant de finir, ne pas nous arrêter ici devant cette grande figure d'Evêque qui fut en particulier l'honneur de l'illustre siège d'Orléans ? Comment ne pas saluer l'orateur dont les discours et les écrits, semblables à l'éclair qui déchire la nue, ont jeté sur la situation actuelle une lumière si vive et si saisissante ?

Il a vu que les hommes manquaient en ce pays ; et pour lui préparer des hommes, il a écrit ces pages sur l'Education qui, bien comprises et mises en pratique, assureraient le salut de notre peuple.

Il a vu Satan qui soufflait dans notre société les inspirations de l'erreur. Il a vu la prétendue science qui niait l'âme humaine pour en venir plus sûrement à nier Dieu lui-même. Il a vu les efforts de cette science pour détrôner l'esprit et faire triompher la matière. Et il a poussé le cri d'alarme, averti la jeunesse et les pères de famille, dénoncé l'athéisme et le péril social. Partout, et dans sa parole et dans ses livres, le patriotisme éclate. On sent vibrer et frémir à la fois, dans cette poitrine d'Evêque, l'âme de l'Eglise et l'âme de la France.

Ne soyons ni injustes, ni ingrats.
Tout homme, sans doute, est sujet à l'erreur.

Mais, du moins, ne méconnaissons pas des services éclatants comme le jour. Rendons hommage à cette impérissable mémoire, et chantons à l'honneur de l'héroïque champion de la vérité, de la charité, de l'éducation de la jeunesse, chantons de concert : Il fut de la race des vaillants qui, dans les jours mauvais, travaillent puissamment au salut de la patrie. *Hi sunt de semine virorum per quos salus facta est in Israel.*

Et maintenant, Frère bien aimé, vous allez subir les angoisses de la séparation. Il vous faut quitter ce diocèse où vous avez conquis tant et de si profondes sympathies ; cette cité qui vous aimait et dont l'affection vous trouvait si reconnaissant et si fidèle ; ce vénérable chapitre, ce clergé qui vous avait fait sien et vous prodiguait une confiance, un dévouement dont le souvenir sera l'une de vos meilleures joies, l'un des meilleurs bienfaits de votre vie ; cette tombe enfin, si chère à votre piété filiale, sur laquelle vous ne pourrez plus désormais pleurer et prier que de loin.

Consolez-vous pourtant. Si les corps sont séparés, les cœurs demeurent unis malgré la distance.

Voici d'ailleurs que s'ouvre devant vous un champ nouveau. Voici qu'un clergé nombreux vous attend pour vous former une couronne et une parure d'honneur.

Voici que demain, semblable à l'olivier, vous pousserez dans un autre sol de nouvelles racines. Comme le cyprès vous grandirez pour étendre au loin vos rameaux protecteurs. *Quasi oliva pullulans et cupressus in altitudinem se extollens.*

Voici que sur votre passage les foules vont accourir. *Tunc omnis populus simul properaverunt.* Elles vont tomber à genoux, *et ceciderunt in faciem suam super terram,* vénérer en vous le représentant vivant de la divinité, *adorare Domi-*

num Deum suum, et prier ardemment le Tout-Puissant pour le succès de votre auguste mission, *et dare preces Omnipotenti Deo Excelso*.

C'est Notre Seigneur Jésus-Christ lui-même qui, par la main de son Vicaire ici-bas, vous a placé sur le chandelier. C'est Lui qui vous dit comme à ses Apôtres : Allez. *Posui vos ut eatis*.

Allez et regardez Léon XIII. Outre la science du Docteur, la sainteté du Pontife, la sollicitude incessante du Pasteur, vous verrez reluire en sa vie la sagesse dans le conseil, la prudence dans l'action, l'indomptable fermeté dans la défense de la justice et du droit, la dignité dans l'épreuve, la patiente énergie dans la souffrance, toutes les vertus qui commandent le respect et imposent l'admiration.

Allez et marchez sur ses traces. *Eatis*.

Allez, les yeux fixés sur l'oncle chéri qui vous a formé. Faites revivre ses exemples et ses mérites. *Eatis*.

Allez et continuez sur le siège d'Orléans les traditions de courage, d'éloquence, de patriotisme, de piété, de vigilance, de douceur auxquelles il est depuis longtemps accoutumé.

Allez et portez à votre diocèse les dons que la Providence vous a si libéralement départis : l'intelligence qui éclaire et captive, la volonté qui gouverne avec force et suavité, le cœur surtout, le cœur de l'Époux, du Pasteur et du Père, le cœur qui aime et engendre l'amour. *Eatis*.

De grandes choses vous sont réservées. Vous avez en particulier à poursuivre et à couronner l'œuvre si heureusement

commencée, la glorification de la Vierge
guerrière, Libératrice de la France. Que
Dieu vous accorde, qu'il accorde à notre
Patrie cette bénédiction, cette joie et ce
triomphe. *Fructum afferatis.*

Que votre ministère soit prospère, fécond et durable ! *Et fructus vester maneat.*

Vos succès, bien-aimé Seigneur, seront
le bonheur non pas seulement de l'Eglise
d'Orléans, mais des Eglises de Bayeux,
de Bayonne et de Besançon. Ils feront la
consolation de tous ceux qui vous aiment
et prépareront votre couronne éternelle.
Que dis-je, votre couronne ? Ils vous prépareront des couronnes aussi nombreuses
que le seront vos conquêtes. *Tot coronas
sibi multiplicat quot animas Deo lucrifacit.*

Fiat ! Fiat !

LETTRE PASTORALE
ET MANDEMENT
DE MONSEIGNEUR L'ÉVÊQUE D'ORLÉANS

A L'OCCASION

DE SON ENTRÉE DANS SON DIOCÈSE

Extraits.

Stanislas-Xavier TOUCHET, par la grâce de Dieu et du Saint-Siège Apostolique, Évêque d'Orléans,

Au clergé et aux Fidèles de notre diocèse, salut et bénédiction en N.-S.-J.-C.

Salut et bénédiction en N.-S. J.-C. ! Tel est donc le premier mot, le premier cri que la sainte Église tire de notre cœur et met sous notre plume, à votre intention, Frères bien-aimés.

Avant de l'écrire, nous nous sommes prosternés à deux genoux, et nous avons supplié le Pasteur des Pasteurs, le Père des Pères, Dieu même, de ne pas permettre que cette formule sainte demeure privée de son efficacité, mais bien plutôt d'opérer, par sa bonté miséricordieuse, les merveilles de grâce qu'elle signifie.

Oui, salut et bénédiction au Chapitre vénérable, qui nous assistera de son dévouement et nous éclairera de ses conseils. Puisse Notre-Seigneur garder à chacun de ses membres, avec l'honneur de longues vieillesses, cette gravité, cette sérénité pieuse, qui sont le fruit aimable d'une existence consumée au service des âmes.

Salut et bénédiction aux Prêtres, quelque ministère qu'ils remplissent dans la hiérarchie diocésaine. Ils sont les yeux, les mains, le cœur surtout de l'Évêque auprès des peuples. Leur activité, leur intelligence, leur culte des choses de l'esprit, les écrits distingués de plusieurs et les dignités éminentes dont ils ont été revêtus, ont fait une réputation enviée au clergé orléanais. Puisse Notre-Seigneur enflammer encore et purifier de plus en plus son zèle.

Salut et bénédiction aux dépositaires de l'autorité publique. La gestion de leurs grandes affaires est pleine de soucis et de difficultés. Puisse Notre-Seigneur assister leur sagesse et soutenir leurs efforts pour le bien de la chose commune. Puisse la paix, résultante harmonieuse du respect parfait des droits de chacun, n'être jamais troublée entre nous. C'est la tradition du siège d'Orléans d'entretenir avec les pouvoirs de tout ordre des relations de haute et déférente courtoisie : mon désir le plus vif est de n'y point déroger, convaincu que je suis qu'il y va de l'intérêt autant que de la dignité de chacun.

Salut et bénédiction aux clercs, qui sont l'espoir de notre Église. Puissent-ils, sous la direction de ces maîtres que toute la France connaît et révère marcher de vertus en vertus, jusqu'au sommet sublime qui est le sacerdoce.

Salut et bénédiction aux vierges consacrées. Puissent les fleurs austères de la modestie, de l'obéissance, du sacrifice, orner et embaumer leurs solitudes.

Salut et bénédiction aux pauvres : qu'ils ne perdent rien des mérites de leur condition si pénible et si digne de compassion ; — aux riches : qu'ils gardent ces traditions d'intelligente et dévouée charité dont s'honore votre pays ; — aux vieillards qu'ils goûtent la joie de sentir leurs jours suprêmes consolés par la vénération de leurs filles et de leurs fils ; — aux enfants qu'ils trouvent auprès de leurs jeunes années le respect qui discernera sous le manteau d'une chair si frêle ce quelque chose d'immense qui est une âme immortelle ; — aux habitants des cités : que leurs industries soient prospères ; — aux habitants des campagnes : que la rosée du ciel féconde leurs champs.

Salut et bénédiction à tous ! Afin que tous conservent en leurs bras la force, en leurs âmes la justice, en leurs foyers la vertu, en leur vie le bonheur incomparable, ô Jésus, Sauveur et Dieu, de croire en vous, de vous servir et de vous aimer.

Et, en retour de ces vœux très sincères, que ferez-vous pour nous ? Il faut vous le dire.

L'Évêque qui fut la plus vive lumière et la plus parfaite sainteté de l'Afrique au V⁵ siècle, Augustin, nous a légué deux sermons très courts, mais particulièrement suaves et parfumés d'exquise piété, prononcés dans l'église d'Hippone, au jour anniversaire de sa consécration épiscopale.

L'un et l'autre ont ceci de commun

qu'ils expriment un amour profond pour ce peuple de pêcheurs dont il ne resterait rien, pas même un nom, si le fils de Monique ne l'eût associé à ses immortelles destinées.

L'un et l'autre traduisent une sollicitude touchante du salut des âmes, et plus que tout cela peut-être, une demi-lassitude simplement et cordialement résignée devant ce qu'il appelle fréquemment son fardeau, son lourd fardeau : *Sarcina mea sarcina mea gravis.*

Cependant la conclusion de ces homélies sœurs n'est pas absolument identique.

Dans la première, le Docteur s'encourage au travail par la pensée du bien accompli : on dirait le chant allègre du moissonneur liant ses gerbes sous un coup de soleil d'été : sa sueur coule, il est joyeux pourtant

Dans la seconde, comme un semeur fatigué qui douterait de la récolte, ou plutôt comme un ouvrier de la vigne de Dieu qui sait le peu que valent ses peines sans les pluies de la grâce, il ne songe guère qu'à redire cette invitation, émouvante par son insistance seule : priez pour moi..., priez pour moi..., je vous en conjure, priez pour moi.

Depuis que m'est parvenue la nouvelle de mon élévation prochaine à l'Episcopat, MES TRÈS CHERS FRÈRES, je n'ai pu qu'écrire, que prononcer cette même parole. Je l'ai écrite aux Prélats vénérés qui ont bien voulu m'exprimer leurs hautes et précieuses sympathies ; je l'ai dite aux chères âmes que je dirigeais dans le monde, et à ces communautés religieuses, contemplatives, enseignantes, hospitalières, qui tenaient à mon cœur par des liens si doux et si forts ; je l'ai répétée à mes frères dans le sacerdoce, à mes amis, aux indifférents à ceux qui vivent encore ici-bas, à ceux qui ne sont plus : j'aurais voulu la crier aux quatre vents du ciel, de la terre et du purgatoire, tant j'éprouvais un besoin infini de Dieu !

Or, aujourd'hui que je m'adresse à vous pour la première fois, l'Esprit-Saint ne m'inspire pas autre chose que cette unique exhortation.

. . . .

Oh ! les difficiles problèmes qu'un Evêque se pose avec une anxiété religieuse et, je le répète avec une anxiété patriotique autant que religieuse !

En vérité, pour porter ses droits éternels et ses devoirs présents, l'Evêque ne devrait-il pas être, comme s'exprime un Docteur, un homme parfait, un sage parfait, un saint parfait ? Ne devrait-il pas être austère et tendre, patient et rigoureux, ferme et doux ? Ne devrait-il pas savoir soutenir, fortifier, corriger, reprendre, consoler, frapper, supporter, commander et persuader, écouter et parler, condescendre et juger ? Surtout, ne devrait-il pas avoir toujours présent à l'esprit le mot touchant de Fénelon : « O Pasteurs, loin de vous tout cœur rétréci ; élargissez, élargissez vos entrailles ; vous ne savez rien si vous ne savez que commander : Soyez pères ; ce n'est pas assez, soyez mères ! »

De Pontifes qui remplissent ce programme, il n'en manque pas dans l'Eglise de France. Qui de nous n'en a connu ? L'un d'eux (1) a été pour moi plus qu'un protecteur, plus qu'un ami, plus qu'un père, et à son souvenir je sens ma plume trembler et mes yeux se remplir de larmes. Né pauvre, il est mort pauvre ; né humble, il a traversé en humble les plus hautes dignités ecclésiastiques ; fils d'un ouvrier, son travail quotidien était plus long que celui de quelque ouvrier que ce soit ; et, finalement, il a succombé à ses fatigues, sur la fin d'une course apostolique à travers son immense diocèse. Versé profondément dans la science des règles ecclésiastiques, curieux des connaissances qui sont moins directement de notre état, spécialement de toutes celles qui tendent à améliorer la condition du grand nombre ; dédaigneux du faste, de l'ostentation, du bruit, ses bonheurs furent d'étudier dans le silence de son cabinet ; de converser avec ses prêtres, qu'il aimait, sans faiblesse, comme la chair de sa chair et la clarté de ses yeux ; de secourir les malheureux, avec lesquels il partagea jusqu'à l'obole suprême ; de contempler, en des méditations parfois interminables, son crucifix et son tabernacle.

Il n'appartint à aucun parti. Son ministère fut haut et miséricordieux comme la Croix, qui domine tout ce qui se passe et

(1) Mgr Arthur-Xavier Ducellier, mort Archevêque de Besançon

jette ses bras à droite et à gauche afin d'amener tous les hommes à Jésus-Christ. « Si vous nous demandiez, disait-il dans son premier mandement, de quel parti nous sommes, nous vous répondrions, avec saint Vincent de Paul, que nous sommes du parti de Dieu et des pauvres. » Jamais il n'oublia cette devise.

L'épiscopat lui fut rude. A qui n'est-il pas rude ? Il sentit la couronne d'épines qui double les mitres d'or. Cependant sa fermeté, sa sérénité d'âme, ne se démentirent point. Il eut horreur de l'arbitraire. En un temps de colères, de malentendus, de déclamations, il fut un homme de paix, de sens droit et pratique, d'équité. Il fut discret, prudent, bienveillant et désintéressé. Pendant son existence de soixante années, ses amis le tinrent pour un juste, et, depuis sa mort, plusieurs parmi les fidèles de son troupeau l'ont prié comme un saint. S'il eût vécu nous ne serions point séparés. Mon épiscopat est né sur son tombeau.

Mais parce que Dieu m'a donné de le considérer pendant vingt années, lui, le modèle, et parce que je me connais, moi, l'imitateur, j'en reviens à la supplication que je vous adressais tout à l'heure : Priez pour moi, Frères très chers.

L'Evêque est le successeur des Douze : Priez pour moi ! L'Evêque est le gardien de son Eglise : Priez pour moi ! l'Evêque est l'inspirateur de l'esprit catholique dans son diocèse : Priez pour moi !

Le voilà, le lourd fardeau qui sera le

mien : *Sarcina mea, sarcina mea gravis*
Priez pour moi !

. . . .

Il ne me reste plus qu'un mot à dire, c'est ce mot d'adieu que j'adresse à ceux que je quitte avec un profond déchirement de cœur.

Déjà, une première fois, il y a seize années, puis une seconde, il y a sept ans, entraîné par un de ces événements qui dominent l'existence, j'avais dû m'arracher à des lieux, à des œuvres, à des amis, que je chérissais grandement en Notre-Seigneur Jésus-Christ.

On ne s'accoutume pas aux séparations. Je fais de cette vérité une nouvelle et rude expérience. Aussi bien, comment de tels liens se briseraient-ils sans déchirement. J'aimais la Franche-Comté et le territoire de Belfort comme on aime quand on s'est donné sans compter se reprendre. J'aimais leur ciel ardent ou froid, leurs horizons très doux ou très sévères, leurs populations chez lesquelles la foi est si profonde encore, la simplicité des mœurs si réelle, le patriotisme si impressionnable. J'aimais les affaires auxquelles j'avais été mêlé et pour la conduite desquelles j'avais trouvé de la part de mon Archevêque une direction ferme et précise, de la part des autorités une confiance bienveillante dont je ne saurais trop leur exprimer ma gratitude, de la part de tous un concours qui ne se démentit jamais. J'aimais ces communautés vaillantes au travail, aux sacrifices, qui me traitaient en père. J'aimais notre vieille métropole ; sa chaire à laquelle Monseigneur Besson donna plus que de la célébrité, presque de la gloire ; son autel, où j'offrais le saint sacrifice devant une image miraculeuse ; la chapelle, où j'allais m'asseoir quotidiennement pour entendre et absoudre. J'aimais ce grand séminaire où j'ai trouvé les plus cordiales, les plus précieuses et les plus fidèles amitiés. J'aimais cette compagnie lettrée qui m'ouvrit ses portes et me fit un accueil immérité. J'aimais ces œuvres multiples de zèle et de charité. J'aimais ce clergé fraternel, hospitalier, laborieux et discipliné, qui donna souvent à l'Église de France des prélats de vertu, des écrivains de marque et des théologiens de haut renom. Et puis, ce ne sont pas les choses et les habitudes de la vie qui créent les liens les plus indissolubles, ce sont les souvenirs et les choses de la mort. Rien n'attache à une terre comme de lui avoir confié quelque chère dépouille un jour qu'on avait du chagrin plein le cœur et qu'on sentait autour de soi de très sincères et très consolatrices sympathies.

Une pensée me relève, c'est qu'en cette Franche-Comté, « où l'on se donne lentement, — peut-être, je l'ignore, — où l'on ne se reprend jamais », j'en suis certain, mes chers amis du Chapitre, de l'administration diocésaine, des séminaires, du clergé paroissial, des congrégations religieuses, du peuple chrétien, daigneront prier, eux aussi, pour celui qui, étant prêtre, les aima dès le premier instant, et qui, étant évêque, ne changea rien à des habitudes anciennes et douces à son cœur.

Tous donc, unissons-nous aux pieds de notre grand Dieu, vous, Frères très chers desquels je m'éloigne, et vous aussi, Frères bien-aimés vers lesquels je vais. C'est près de Lui qu'on apprend à se consoler, c'est près de Lui qu'on apprend à espérer, parce que Lui seul est l'inépuisable océan des lumières et des énergies où vont s'éclairer et se fortifier, soit pour les combats, soit pour les triomphes, les pasteurs et les troupeaux.

(Suit le dispositif.)

LETTRE PASTORALE

DE

MONSEIGNEUR L'ARCHEVÊQUE DE LYON

Administrateur apostolique du diocèse d'Orléans

Pour annoncer le sacre de Mgr Touchet
Évêque élu d'Orléans

(EXTRAITS)

Le Souverain Pontife a parlé.

Le successeur de saint Pierre qui a la mission de donner des Évêques à l'Église a tenu son Consistoire. Il a préconisé Mgr Touchet, Évêque du Diocèse d'Orléans, et lui a fait parvenir ses bulles. Le moment est proche où l'Élu du Seigneur va prendre possession de son Siège et recevoir la Consécration Épiscopale.

Dans une lettre qu'il Nous adresse, Mgr Touchet Nous écrit qu'il espère s'installer par procureur le 8 juillet ; être sacré le 15 juillet à Besançon par Mgr Hugonin, Évêque de Bayeux, et faire son entrée à Orléans le jeudi 19 juillet, en la fête de saint Vincent de Paul.

Dès le moment où Mgr Touchet prendra possession de son Siège, Nos pouvoirs pour le Diocèse d'Orléans expireront. L'Administration du Diocèse passera entre ses mains. Mais ces mains sont vaillantes : Nous vous l'assurons.

Dieu vous a montré, N. T. C. F., combien Il vous aimait, en vous donnant un

Pontife orné de toutes les qualités de l'esprit et de toutes les vertus qui font les grands cœurs.

Bientôt vous apprécierez à quelle noble école il l'a formé, et avec quel soin diligent, Mgr Touchet a recueilli les leçons et les exemples de son vénérable oncle, Mgr Ducellier, Archevêque de Besançon.

Il a résidé de longues années avec cet illustre prélat, et a rempli longtemps, près de lui, ces fonctions éminentes qui préparent si bien leurs titulaires aux devoirs de la charge pastorale.

Vous admirerez les talents que la divine Providence lui a départis, et vous vous grouperez avec enthousiasme autour de la chaire de Sainte-Croix, pour écouter un orateur, qui, à Falaise comme à Bayonne, à Besançon comme à Rome, a su réunir et retenir près de lui les foules avides d'entendre son éloquente parole.

Ah! cher diocèse d'Orléans, il Nous semble que de beaux jours te sont réservés. Nous en louons Dieu de tout cœur, et Nous formons les vœux les plus sincères pour ton bonheur! Avec quelle joie Nous apprendrons les bénédictions qu'il plaira à la Providence de répandre sur Notre successeur! avec quelle douce consolation Nous écouterons le récit des grandes choses qu'il accomplira parmi vous!

Cependant, N. T. C. F., dans cette lettre où il Nous annonce le jour de son sacre, il est un point sur lequel Mgr Touchet insiste d'une manière particulière.

Il réclame surtout des prières.

Que cela ne vous surprenne point!

En effet, quels que soient les dons que

le Seigneur lui ait accordés ; les vertus qu'il ait acquises avec le secours de la grâce ; quand l'Evêque élu considère les devoirs que sa nouvelle charge va lui imposer, quand il compte les âmes nombreuses qui vont lui être confiées, quand il songe aux responsabilités qui vont peser désormais sur ses épaules, il comprend, que, si la grâce de Dieu ne découle abondante sur lui, il ne saurait être à la hauteur de sa mission.

Alors, humblement prosterné devant le Dieu qui est la source de tout bien, il le conjure d'avoir pitié de sa faiblesse, de multiplier sur lui ses dons et ses faveurs, et de le couvrir de la vertu de son Esprit-Saint.

Mais il sent, que, si des prières viennent se joindre à ses prières, des supplications à ses supplications, les Cieux s'ouvriront plus facilement et laisseront descendre sur lui cette rosée bienfaisante qui s'appelle la bénédiction et la grâce de Dieu. Aussi réclame-t-il des prières avec les instances les plus vives et les plus pressantes.

INTRONISATION
DE
MGR TOUCHET
à Orléans

Nous empruntons au *Patriote orléanais* le compte rendu suivant de l'intronisation de Mgr Touchet :

Mercredi 18 juillet, dès son arrivée à la gare, Mgr Touchet a été l'objet d'une touchante manifestation. Une foule assez nombreuse l'attendait à la gare et s'est portée à sa rencontre pour recevoir sa première bénédiction.

Par la grâce et la distinction de ses manières, aussi bien que par l'affabilité de son sourire et la facilité de son abord, Monseigneur a de suite gagné la sympathie de ceux qui l'attendaient. Aussi, à plusieurs reprises, au moment où il montait en voiture, des acclamations se sont fait entendre et des cris de : « Vive Mgr Touchet ! » ont retenti.

Monseigneur s'est montré très touché de ces marques de sympathie.

∴

L'imposante cérémonie de l'intronisation de Mgr Touchet a eu lieu jeudi.

Dès midi, une foule nombreuse, désireuse de contempler les traits de son nouveau pasteur et de lui témoigner, dès le premier jour, sa filiale affection, se pressait sur la place Sainte-Croix et la rue de l'Evêché, sur le parcours du cortège.

A une heure et quart, les portes de la cathédrale s'ouvrent, et le clergé, précédé de la croix et ayant à sa tête tous les membres du chapitre, se rend processionnellement à l'évêché, au-devant de Sa Grandeur.

Presque tous les prêtres du diocèse sont là. Tous ont voulu, dans un élan spontané, venir se ranger autour du chef que la Providence vient de leur donner, comme des soldats, la veille d'une bataille, viennent se ranger autour de leur général.

C'est par la porte principale que le prélat fait son entrée dans la cathédrale. La vieille basilique a revêtu sa parure des grands jours de fête. L'autel est orné de fleurs, le chœur est tendu de draperies rouges et pavoisé de drapeaux aux couleurs pontificales et d'oriflammes aux armes de la ville.

Dans le fond, au-dessus de l'autel, se détachent les armes de Mgr Touchet entourées de drapeaux aux couleurs de la ville.

Chaque pilier de la grande nef est orné d'un écusson encadré d'un trophée de bannières. Toute l'histoire de la cité y est représentée. Ils sont tous là, évêques et capitaines, qui ont défendu et illustré notre bonne ville et semblent faire au successeur des Euverte, des Aignan, des Dupanloup et des Coullié, une garde d'honneur et lui rappeler qu'il a de qui tenir.

A la voûte sont suspendues la bannière de la ville d'Orléans, la bannière de Jeanne d'Arc et celle du duché d'Orléans.

Devant la chaire, des places ont été réservées pour les autorités civiles et militaires. Nous y remarquons :

MM. Boussenard, général commandant le 5ᵉ corps d'armée; Boegner, préfet du Loiret ; les généraux Cabanel de Sermet, Rothé, Rabourdin-Grivot, maire d'Orléans; Coudière, Lepage et Morand, adjoints ; Courtin-Rossignol, président du tribunal de commerce ; Desplats, secrétaire général de la préfecture, et beaucoup d'autres notabilités de notre ville.

Au moment où Monseigneur se présente à l'entrée de la grande nef, M. l'archiprêtre lui présente l'eau bénite au nom du chapitre.

Suivant un usage particulier à l'église d'Orléans, on présente à Mgr Touchet les clefs de l'église dans un plateau.

M. l'abbé Despierres, curé de la cathédrale, s'avance alors et complimente l'évêque selon l'usage.

Sa Grandeur répond par quelques paroles émues et la procession se dirige vers le chœur, pendant que le chant du *Te Deum* retentit sous les voûtes.

Après la cérémonie de l'obédience, Monseigneur est conduit en chaire et donne lecture de sa lettre pastorale.

En descendant de la chaire, Sa Grandeur revient devant le maître-autel, d'où il donne au peuple sa bénédiction solennelle.

Rien n'est plus grandiose et plus émouvant que ce spectacle. Le prélat est debout sur les marches de l'autel, tourné vers ce peuple que Dieu vient de confier à sa garde. Devant lui, à ses côtés, les prêtres revêtus de leurs surplis ; plus loin, les représentants de l'autorité civile, soldats, magistrats, fonctionnaires de tout rang et, dans l'immense vaisseau, la foule du peuple. Toute cette foule courbe la tête, pendant que, d'une voix vibrante, Monseigneur prononce les paroles de la bénédiction :

Ad multos annos!

www.ingramcontent.com/pod-product-compliance
Lightning Source LLC
LaVergne TN
LVHW021735080426
835510LV00010B/1265